RECORRIDO POR LA CIUDAD

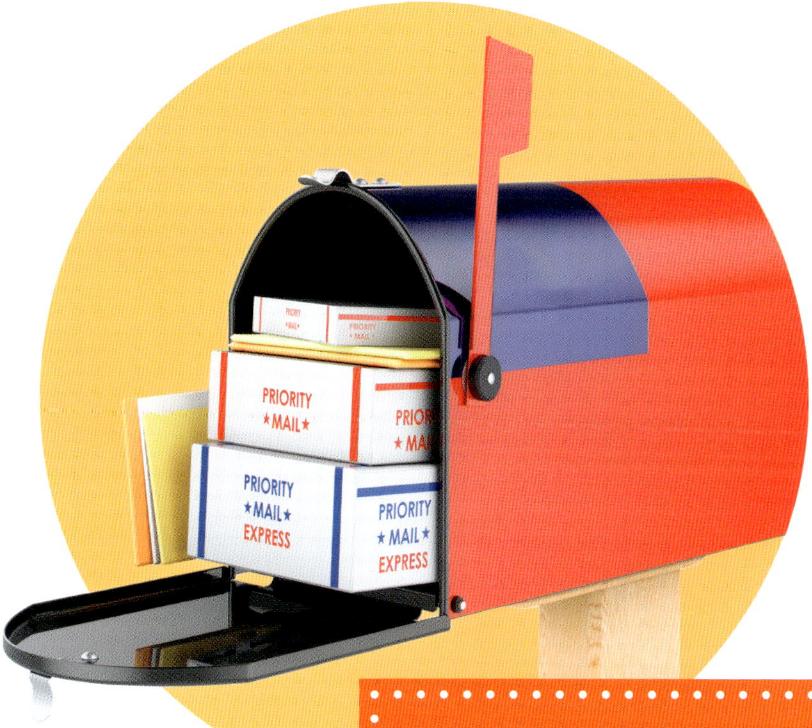

OFICINA DE CORREOS

por Alissa Thielges

vestíbulo

apartado postal

Busca estas palabras e imágenes mientras lees.

bandeja

báscula

Recibiste una carta.

¿De dónde vino?

¡De la oficina de correos!

La oficina de correos reparte el correo. Las cartas son correo. También lo son los paquetes.

vestíbulo

Mira el vestíbulo.
Puedes enviar un paquete.
Puedes comprar sellos.

OVERNIGHT
NOT OVERPRICED
EXIT

WARNING - NOT FOR PRIVATE USE
MAXIMUM PENALTY FOR THEFT OR MISUSE OF POSTAL PROPERTY
$1,000 FINE AND 3 YEARS IMPRISONMENT (18 USC 1707)
UNITED STATES
FOR MAIL ONLY
3CMTEQ-15-B-0028
PSIN 1257TP-MDI

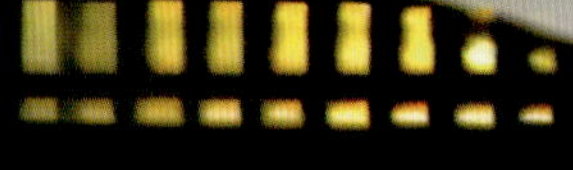

bandeja

Mira la bandeja. Está llena de correo. Fue clasificado por una máquina.

Mira la báscula. Pesa el correo. Cuesta más para enviar correo pesado.

0.0
HOLD
kg lb
Max : 50LB d=0.1OZ

apartado postal

Mira el apartado postal.
Algunas personas no tienen un
buzón. Aquí recogen su correo.

107
117
127
118
128

Una camioneta de correos inicia su recorrido. ¡Es hora de entregar el correo!

vestíbulo

apartado postal

¿Lo encontraste?

bandeja

báscula

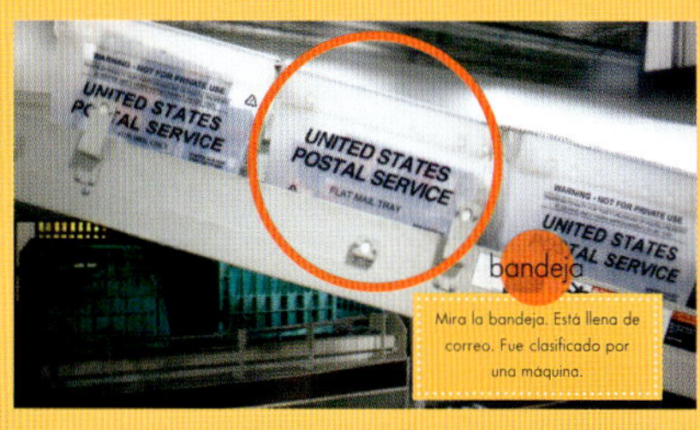

Publicado por Amicus Learning, un sello de Amicus
P.O. Box 227, Mankato, MN 56002
www.amicuspublishing.us

Library of Congress Cataloging-in-Publication Data
Names: Thielges, Alissa, 1995- author.
Title: Oficina de correos / by Alissa Thielges.
Description: Mankato, MN : Amicus Learning, [2025] | Series: Recorrido por la ciudad | Audience: Ages 4-7 | Audience: Grades K-1 | Summary: "A search-and-find book about post offices reinforces new Spanish vocabulary to build reading success while close-up images of places and buildings captivate young audiences. A great early social studies book to inspire learning about communities on field trips for kindergartners and first graders. North American Spanish translation"—Provided by publisher.
Identifiers: LCCN 2023045337 (print) | LCCN 2023045338 (ebook) | ISBN 9781645499343 (library binding) | ISBN 9798892000277 (ebook)
Subjects: LCSH: Postal service--Juvenile literature.
Classification: LCC HE6078 .T48 2025 (print) | LCC HE6078 (ebook) | DDC 383--dc23/eng/20231124
LC record available at https://lccn.loc.gov/2023045337
LC ebook record available at https://lccn.loc gov/2023045338

Impreso en China

Rebecca Glaser, editora
Deb Miner, diseñador de la serie
Kim Pfeffer, diseñador de libro y investigación fotográfica

Créditos de Imágenes: Alamy Stock Photo/Allen Creative/Steve Allen, 3; Depositphotos/tigerfilm, 12–13; Dreamstime/Philip Openshaw, cover; Rickk6rj, 10–11; Freepik/Drazen Zigic, 4–5; machnata, 1; Getty/Luke Sharrett/Bloomberg, 8–9; Shutterstock/Sean Pavone, 6–7; Sundry Photography, 14; Unsplash/Brannon Morrissy, cover